JN440285

굴뚝 속으로 들어간 하마

김율희 시집

시인동네 시인선 066

김율희 시집

굴뚝 속으로 들어간 하마

시인동네

시인의 말

부조리하다,
이 세상은 늘.
앞으로도 그러할 것이다.
내가
글 한 줄 더 보태어
이 세상을 바꿀 수는 없겠지만
작은 점 하나는 찍을 수 있을까?

밤이 참 깊다.

2016년 가을
김율희

차례

제2부

제1부

굴뚝새가 한 말을 기억하니?

굴뚝새가 한 말을 기억하니?
어릴 때 굴뚝새가 너에게
하던 말 기억 안 나니?
매일매일 너에게
속삭이던 말
다정하게 너하고 나누었던
그 말들이
기억나지 않니?
이 세상을 살았던
한 굴뚝새가
푸른 하늘 위에서
네게 했던 말
기억하고 있니?
굴뚝새 말로
기억하고 있니?

햄버거 속에 피아노를 처넣다

햄버거 속에
피아노를 처넣다.
재빨리 응고된 피를
수없이 다져진 남의 살코기를.

신선한 체하며
얌전하게 들어앉아 있는
양상추 위에
둘러붙은 그 거만함
한숨도 탄식도 일순간에
멈추게 하는
정열

햄버거 속에서
피아노가 소리가 되어
절규가 된다.

씹히는 피아노의 건반들

빨간 건반
노란 건반
초록 건반

피아노가 되는 햄버거
햄버거가 되는 피아노
참 우아한.

해리포터의 겨울

그것과 눈을 마주치면 안 돼!*
우리는 해리포터를 사랑합니다.

애들이 나보고 잡종이래…….*
잡종이기 때문에 두려워합니다.

해리포터가 왔습니다.
마법에 걸리고 싶어 안달이 난 이 세상의 잡종들

그냥 아무 기차를 잡아탑니다.

어둠의 세력이 호그와트로 돌아왔다.*
불쌍한 잡종들, 서로를 의심합니다.
그리고 서로를 잡아먹습니다.

절대로 비명을 지르지 마라!*
거짓말,
수없이 비명을 질러도 아무 일도 일어나지

않습니다.

이젠 겁먹어도 돼?*
염치도 없어.
언제나 겁쟁이였잖아.

해리포터가 왔습니다.
바실리스크의 눈과 함께

우린 모두
그 뱀의 눈에 중독되어 있습니다.

원래가 잡종인 우리들은 지금
비밀의 방에 갇힌
쓸쓸한 영웅
해리포터를 만납니다.

겨울이 되면 해리포터가 옵니다.

우리는 오징어를 질겅거리며
마주치지 않아야 할 그 거울을 만납니다.

죽었다 깨어나도
이 세상은 마법에 걸리지 않습니다.

이젠 눈 떠도 돼?

.

.

.

.

.

.

아니…….

---

* 영화 〈해리포터〉의 광고 문구.

키스

바다가 내게 걸어 들어왔다.
물결치며 철썩거리며 내게 걸어 들어왔다.
일몰의 저녁,
해가 내게 걸어 들어왔다.
마치 죽음처럼 갑자기 내게 걸어 들어왔다.
내 혀 안에 걸린 새 한 마리
해에 걸려 불탄다.
불새 되어 날아간다.
낮아지는 들
높아지는 산
돌무더기 곳곳마다
우물 터진다.
폭포 터진다.
불새 되어 날아간다.
아침 햇살
기도로 터지는
바다, 갈기 세운 사자의 눈으로…….

초록 달걀

나는 초록색이 좋다.
그래서 초록 달걀을 먹던 날 기분이 좋았다.
그 달걀은 날아서 내게로 왔다.
저 너머 우주에서
은빛 우주선을 타고 내게로 날아왔다.
나는 머리가 바가지처럼 큰 외계인들의
눈을 들여다보며
이들은 왜 우리처럼
눈이 바다 같지 않을까, 이상했다.
그게 이상했다.
갑자기 속이 울렁거렸다.
아마도 초록 달걀을 먹어서 그런가 보다.
싹이 돋아난 초록 달걀을 먹어서
저 먼 우주의 속 깊은
눈알을 먹어서 그런가 보다.
나는 초록색이 좋다.
초록은 가볍다. 가벼운 초록 달걀
나는 그 달걀을 먹고

무거운 달을 임신했다.
달이 달이 나는
너무 무거웠다.
속 깊은 눈알이 자꾸 자꾸
자라났다.
어?
달이 날개를 달고
나를 달고
날아가고 있었다.
초록 달걀
나는 초록색이 좋다.

콜라

빨간 늑대를 생각하곤 했다.
눈부시도록 아름다운
빨간 늑대
혹은 설원의 빨간 늑대

눈알 크게 탱글거리는
언제나 두려운 눈빛을 하고
있는 늑대

끊임없는 갈증으로
목 타는
그 빨간 늑대

단 한번밖에 볼 수 없었던.

여우 털

춥다.
영하 20도
입지 않던 여우 털 코트
꺼내 입었다.
내가 여우가 된다.
바람이 분다.
여우 털이 부스스 일어난다.
한 올 한 올
부스스 부스스
여우도 추운가 보다.
털들이 바람에 떤다.
여우 털처럼 하얀 눈이 내렸다.
여우의 눈이 춥다.
털들이 눈으로 내린다.
수직으로 수평으로
원을 그리며
커다란 원을 그리며…….
미안하다.

포도에도 비늘이 있다

포도에도 비늘이 있다.
마흔두 살 어느 날
포도를 먹다가
그걸 깨달았다.

보라색 겉껍질 벗기다
얇디얇은 그 실핏줄 벗기다 알았다.

내 살갗을 찌르는
갑자기 번개처럼 내 가슴을 찌르는
비늘,
한 개도 아니고 두 개도 아니고
수천수만 개의 비늘이
아주 조용한 목소리로 고함지르는
포도나무, 그 나무

오천 년의 햇볕으로 무르익어
익고 익은 그 비늘

아! 눈알 번뜩이며 응시하는
그 처연함

내가 그냥 아무 생각 없이 먹던
그 포도
단물만 쪽쪽 빨던 그 포도 속 비늘,
아주 오래전 벌써
발가락 달고
날개 달고
맑은 눈 촘촘히, 서늘한 눈 촘촘히
그 포도 알 속 가득히 빛나고 있었음을
깨닫던
마흔두 살 그 어느 날.

양 한 마리 키우기

우선 교활함을 속으로
깊이 감춘다.
뻐드렁니와 번들거리는
눈알도 감춘다.
늙은 눈으로 세상의 온갖 것을 탐해보다가
어느 노을 지는 저녁
풀밭에서 갑자기 순해져
검은 털이 난 손도
감추어 본다.

양 한 마리 키우기
그리 쉽지 않다.

표범의 엉덩이에 탄 몸으로
세상을 본들
나무마저 소름끼친다.

비명을 지르지 않을까?

양 한 마리 키우기
그리 쉽지 않다.

늙은 눈이 쉬 피로해진다.

양을 묶었던 쇠사슬
보이지 않는다.

그 쇠사슬 어느새
내 목에 걸려 있는 것을.

아프리카 1

아프리카에 눈이 내린다.
사구(砂丘) 깊숙이 깔리는 눈
조용하다.
그런데 어디선가 눈이
부릅뜬다, 부릅뜬다.

아프리카에 눈이 내린다.

아프리카 2

새우처럼 오그린 나는
배가 고프다.
평화 속에서도 나는
배가 고프다.
태양 아래 있는 나는
배가 고프다.
그 큰 그늘 속에 있는
나는 너무
배가 고프다.

아프리카 3

말을 타러 가자
소를 타러 가자
쥐를 타러 가자

추위가 닥쳐오리니

기억하고 싶지 않은 일들과
기억해야 할 일들
기억나는 일들을 거느리고
의심하지 않으며
바위 속으로…….

폭풍으로 오는 잠, 멀리

싸늘한 침엽수
빛에 묶인 땅— 그 위로
쥐를 타러 가자
뿔 꺾인 소를 타러 가자

꼬리 긴 말을 타러 가자

추위가 닥쳐오리니

낮 시간— 낮 시간—
아프리카를 잊으며.

코끼리 아버지

우리 아버지 하얀 발
흰 코끼리 되어
뚜벅뚜벅 걸어가네
여름의 긴 눈썹
흰 눈 감고
빗길을 걸어가네
먼 산, 먼 바다
이내 하늘로 출렁거리고
그 하늘 금세
새 되어 날아가 버리는.

어느 날이었던가?
시간이 어둠 속으로
묻혀버리고
천지가 하얗던 날은.

흰 코끼리
빛나는 하얀 발,

흰 코끼리
우리 아버지.
어둠 속의 수많은
머리카락
바다 속으로 떠나보내고
뚜벅뚜벅
먼 사막을 걸어가네.
먼 마음을 걸어가네.

거인을 만나다

거인이었다.
내가 솔숲에서 만난 그 바람은.
안개 가득한 빛속에서
아무 말 없이 갑자기 나타난 그
그리움은.

그가 내게 건넨 것은
시간
그의 푸른 손에는 상처가 가득했다.

나는 그 시간을 받아들고
솔숲으로 걸어 들어갔다.

침묵이 거인의 맑은 눈 안에서
내게 말을 걸고
나는 또 침묵으로 거인에게
대답했다.

수많은 별들이
비밀의 바늘들처럼
거인의 등 뒤로 내려앉았다.
솔숲이 몇 번 우르르 울었다.

나는 거인의 등 뒤에 서서
하늘이 사라지는 걸 보았다.

백년, 천년의 세월로
이 세상의 비밀을 다 알 수는
없는 일이다.

거인이 잠깐 웃었다.
나무 같다고 돌 같다고 새 같다고
나는 생각했다.

비가 쏟아졌다.
솔숲이 그 얼굴을 들어 비를 맞았다.

수많은 별들이 눈을 감은 채
솔숲으로 떨어졌다.

솔숲이 다시 우르르 우르르
큰 눈으로 울었다.

거인이었다.
내가 그때 솔숲에서 보았던 그 침묵은.
맨발바닥에 맨손으로
그렇게 간절히 염원했던
그 눈빛은.

꿈

여우 두 마리
탱글탱글한 눈의 여우 두 마리
은빛 털 반짝이는
여우 두 마리
사자 머리 꼭대기에 앉아
하품을 한다.
멀리 바라보이는 달
목욕하고 바라보아도
깨끗한 달
여전히 환한 달
여우 두 마리
침묵 속에 어둠은 가득하고
은빛 털
사막으로 누워버린다.
달
여우가 되었다.

비 오는 날의 도둑

계단에서 시계가 떨어진다.
기타를 치며 떨어진다.
빨랫줄에 걸린 티셔츠
물기 가득한 티셔츠
걸어서 계단으로 올라오는데
물방울로 가득한 천장
습도는 숨을 막히게 한다.
막 떠난 여행지에서
들려오는 자전거 페달 소리
모자 쓰고 신발까지 챙겨 신고
달려가는 별
하늘에만 있는 별
비 오는 날의 도둑처럼
새까만 꿈에 잠겨…….

그대 어디 오시나
녹색 모자 쓴 그대
장미꽃, 길바닥에 다만 꽃잎으로

가득한데

그대 어디 오시나

비 오는 날의 도둑처럼

그 심장처럼 펄떡이는 그대는…….

파란 나비

놀랐다.
해바라기 얼굴, 달덩이만큼 커지던 날
울 엄마 달에 가셨다.
파란색 우주선 타고
빨간색 손수건 흔들며
울 엄마 달에 가셨다.
놀랐다.
난 그때 하늘 속으로 사라지던
울 엄마 연두색 치마 기억한다.

할아버지는 달 떴다고 달 떴다고
내내 헛기침만 하시고
나는 아빠의 등 뒤에서 왔다 갔다 하는
물고기들을 바라보고 있었다.
그들은 바다가 싫다고 했다.
왜 바다가 싫을까?

나는 고래가 되는 것이 소원이다.

수염고래나 이빨고래가 되면
내 나이도 칠천만 살이 되는 걸까?
할아버지보다 나이가 많으니
할아버지가 나에게 할아버지라고 해야 하나.
어쨌든 나는 바다가 좋다.

하늘색 버스를 타고
우리 집 앞에 내린 사람은 머리가 백발이었다.
눈이 하도 커서
감고 있어도 뜬 것처럼 보였다.

바람이 철썩거리고 불었다.
그 할아버지의 귀에서 이상한 신호음 소리가 났다.
'텔레비전을 들고 다니나.'

나는 백발 할아버지의 어깨에 올라탔다.
갑자기 날개가 돈는 듯했다.
나는 백발 할아버지의 두 귀를 꽉 잡았다.

떨어질지도 모르잖아.

눈이 팽팽 돌았다.
나는 고래가 되어 하늘 위에 둥둥 떠 있었다.
세상에나.

텔레비전을 몸속에 간직하고 있는 할아버지가
어느새
나팔을 꺼내어 힘껏 불었다.
보라색 나팔꽃이 하늘 위로 둥둥 떠다녔다.
나팔꽃은 아침에 꼭 얼굴을 씻는데
난 세수를 안 했다.
저 구름도 세수를 안 했나
왜 저렇게 시커멓지?
우산을 펴든다.
보라색 우산 쓴 이빨고래
백발 할아버지는 어디에 가셨지?

우리 집 고양이는 늘 내게 말하곤 했었다.
“얘야, 저 놈의 털북숭이 강아지를 조심하거라.”
근데 왜 털북숭이 강아지가
자꾸 내 옆구리를 간지럽히는 걸까?
빨간색 이불을 쫙
태극기 휘날리듯 쫙
하늘에 펼쳤다.
저 봐라 도망가는 쥐들, 쥐의 무리들…….

그 파란색 우주선은 어디에 있을까?
나도 달에 가야 하는데
울 엄마 따라 달에 가야 하는데
보라색 우산 쓴 이빨고래가 되어
갈 수 있을까?
나무가 사람이 될 때까지
바다가 하늘이 될 때까지
갈 수 있을까?
부엌의 가스레인지 활활 타는데

울 엄마의 부엌 활활 타오르고 있는데
빨간 망토 입혀줄 엄마는
왜 아직도 안 오시는 걸까?

우리 집 고양이 똥 폼 잡으며 말하곤 했다.
"사는 게 말이야. 그게 바람 같은 거라고."
뭔 뚱딴지같은 소리
그럼 고양이 너도 바람, 나도 바람
울 엄마도 바람, 울 아빠도 바람
저 백발 할아버지도 바람이란 말인가?

텔레비전을 귓속에 집어넣으며
할아버지가 활짝 창문을 여셨다.
새벽이 왔다.
그리움이 사막이 되었는데
동튼다. 새벽이 왔다.
아빠의 등 뒤에는 이제 숲이 울창하다.

울 엄마 파란 우주선 타고
해바라기 울창한 우리 집 마당에 금의환향한다.

나는 창을 넘는다.
훌쩍훌쩍, 아니 나풀나풀
나풀나풀
파란 나비 되었다.

놀랐다.

파란 우주선
파란 나비

할아버지는 해 떴다고 해 떴다고
헛기침만 해대고
파란 우주선의 하늘
파란 나비가 난다.

우리 집 고양이 목 자꾸 늘어난다.

따라오지 마!

너는 파란 나비 아니거든.

파란 우주선 놓쳐.

달에 가야 한단 말이야.

너는 해바라기 얼굴에 묻혀

낮잠이나 자!

놀랐다.

사탕

비밀
처녀
그리고 아득한 숲
떨리는 심장
·
·
·
하늘 끝에 이르는
아주 아주
작은
꿈

브로콜리

초록색 푸들이
비누거품 놀이하듯

몽글몽글
수만 개로 피어오르는
물방울
비눗방울
유리 방울

초록색 푸들이
대가리 풀어 흔들며
신나게 장난치고 있는
둥근 산
둥근 산

어허둥둥
하늘 높이 떠오르는
브

로
콜
리

커다란 풍선

팡!

사소 1*

바다의 얼굴을 보았다.
그날
신발 한 짝 쓸려가던 바로 그날,
검은 바다는 얼굴을 돌리고 있었다.
나는 바다의 흰 눈물
먹물 뒤섞인 흰 눈물
허허로운 바람을 보았다.
산다는 것은 때로
바다의 눈물과 만나는 것이다.
눈물 흘린 바다의 눈을 보는 것이다.

신발 한 짝 쓸려가던 날
자꾸자꾸 기침이 났다.
기침 때문에
내 기침 소리 저 하늘까지 들리지 않았다.
나는
신발 한 짝을 찾아 바다로 들어가고
바다는 내 기침 소리로 울었다.

산다는 것은 때로 바다의
기침 소리로 우는 것이다.

실컷 울고 나자 안개가 걷혔다.
바다의 안개를 걷고
내 안의 안개를 걷고
나는 팔짱을 꼈다.

내 눈물 그냥 물이 되어 바다로 흘러갔다.

---

*사소: 신라의 전설 속 여주인공으로 선도산신모, 선도성모라고도 한다.

그리움

하늘이 흐리다.
낙타를 타고 길을 떠났다.
길이 멀었다.
사막 바람이 불었다.
모래가 입속으로 들어왔다.
입안 가득히 차고
가슴 가득히 차고
모래가 심장이 되었다.
태양은 바로 머리 위에 있었다.
탕!
하늘이 터졌다.

가을

정원에 내어놓은 의자 위에 나뭇잎이 떨어져 있다.
라벨의 찌가느가 그 나뭇잎 위로 쏟아진다.
흔들리는 가을
찌가느는 하늘빛이다.

머릿속 하마 한 마리

머릿속 하마 한 마리
춤추다 넘어졌어요.
피아노 연주는 계속되었지만
일어설 줄을 몰랐어요.

하마는 이빨 빼내고
궁둥이 살 좀 빼고
볼퉁이 살도 좀 떼어냈지만
춤추다 넘어졌어요.
일어서지 못했죠.

춥고 캄캄해서
하마는 일어설 수 없었어요.
하늘이 어딘지
땅이 어딘지
춥고 캄캄해서

머릿속 하마 한 마리

한 마리,
춤추다 넘어졌어요.
비 오던 날
우산에 걸려…….

그 우산,
하마의 심장이 되었어요.
아주 붉은 왕심장 되었어요.

머릿속 하마 한 마리
가슴이 춤이 되었어요.
피아노가 되고
우르르
숨소리가 되었어요.

사소 2

밀크티처럼 달콤해요
우울한 한낮의 비를 기타로 연주하며
바다에 쏟아지는 은빛 물고기들을
쏴아쏴아 펄떡거리게 하는
하늘은.

그 하늘에서 눈부신 도마뱀 한 마리
수천 개의 꼬리 달고
색동저고리 몸통 흔들며
너울너울 내려왔지요.
금빛 동아줄 타고 내려왔지요.

나무 그네 타고
검은 눈 반짝이며
금빛단지 가슴에 품은 채, 나에게
왔지요.

먼 길, 접어두었던

그대의 마음, 도마뱀으로 온 것을
나 이내 알았지요.
수천 개의 꼬리, 그대의 눈이 되고
그대의 손이 되는 것을
이내 알았지요.

내내 비 오고 내내 바람 불어도
해 넘어, 달 넘어 올 것을 알아요.
하필 붉은 그리움으로 온 그대
그대의 금빛 단지, 깊은 숲이 될 때까지
시간으로 남은 그대
큰 발가락으로 남은 그대.

멀리 있는 너에게

눈이 내린 날
하루 종일 내린 날
멀리 있는 너에게
나는 눈이 되어 나를
너에게 보낸다.
세상이 눈으로 덮여버린 날
나는 눈이 되어 나를
너에게 보낸다.
눈 속의 나를 알아볼까?
내가 눈이 된 걸 알까?
너는 창가에 서서
나무 위에 앉은 나를
풀밭 위에 앉은 나를
몰라볼지도 몰라.
눈이 내린 날
하루 종일 내린 날
눈이 된 나는 너를 바라보고 있지만
너는 나를 단지 눈으로만 알 뿐,

아! 내가 눈꽃으로 숨 쉬고 있다는 것을
너는 모르고
너는 모르고…….
눈이 내린 날
내가 눈새가 된 걸 너는
모르고…….

빨간 자동차 타고 하늘로 날아오른 아버지

우리 아버지
빨간 자동차 타고 하늘로 날아올랐어.

비 억수같이 쏟아지던 날
희한하게 잠깐 햇빛 반짝이던 그때

우리 아버지
빨간 자동차 타고 하늘로 날아올랐어.

허풍쟁이 우리 아버지
독수리 타고, 고래 타고
날 줄 알았지.

무지개 타고
두둥실 날아오를 줄 알았지.

하지만 우리 아버지 느닷없이
빨간 자동차 붕붕거리며

서둘러 떠났어.
마치 하늘나라에 급한 볼일 있는 것처럼.

빨간 자동차 사라진 그 자리
넘실거리던 뭉게구름
수많은 들꽃으로 뒤덮이던 하늘

그때 그 빨간 자동차
어느 날,
꿈속에서 내게로 붕— 날아왔는데
그 속에 짧게 쓴 우리 아버지 편지
“얘야, 이젠 빨간 자동차 싫증이 나네.
다른 색깔로 칠해서 보내주렴.”

나는 하늘 보고 한번 씨익 웃었어.

사소 3

어느 날, 비 오던 어느 날 두꺼비가 되었다.
그리움이 너무 커져서 혹 달린 두꺼비가 되었다.
산다는 것, 때로는 너무 힘들어
선 채로 그대 어깨 빌리고 싶은데
어깨는 없고 언제나 퍼런 하늘
퍼런 하늘만 눈에 가득 차
어느 날,
두꺼비가 되기로 결심한 날
마음먹고 온 세상을 휘젓고 다녀본다.
그래봤자 퍼런 하늘뿐
퍼런 하늘뿐
비 내리는 퍼런 하늘뿐

그대 가슴에는 작은 우물 하나 없어
내가 두꺼비 되어
혹 부푼 그리움, 바늘 되어
그대 가슴에 꽂혀도
여전히 눈감고 있네

퍼런 하늘로만 둥둥 떠 있는 그대는.

낯선 어깨의 바람이 되고
긴 슬픔의 강을 건너본 자의 어둠, 그 안의 빛
그대는.

퍼런 하늘로 둥둥 떠 있는 세상
나는 두꺼비가 되어
혹 달린 두꺼비가 되어
알 낳고 알 낳고

그대 우물 없어도
그대 수풀 없어도
그대 눈 부릅뜬 그리움 없어도.

꽃물

옛날에는
꽃도 神이었습니다.
물도 神이었습니다.
아! 온 세상이 다 神이었습니다.

하늘색 푸른 오늘
나는 흐드러지게 피어나는
그 神의 신발을
물속에서 건져 올립니다.

빛 가득한 오후
그 神의 신발, 세상이 되고
사람이 됩니다.

아! 세상이 온통 꽃물 천지입니다.

제2부

개심사

구두는 벗지 않았습니다.

머리는 열심히 감았지만
얼굴은 깨끗이 씻었지만

그대가 신겨준 구두
벗으면 학 되어 날아갈까 봐
벗으면 구름 되어 날아갈까 봐

구두는 벗지 않았습니다.

이제 나무는 겨울로 가고

맨발을 닦고 닦아도
흙이 묻는다.
왜 그런가?
나는 겨울바람 찬 나무 밑에 앉아
그 처연한 얼굴을 바라보며 묻는다.
노을이 땅에 걸리고
하늘이 숯검댕이 같은 얼굴로 나무를 감싸 안았다.
나무는 그냥 그대로 여전히 처연하다.

내 뒤를 바라본다.
문득 따라오는 지난여름의 잊어버렸던 소리
하나가 나무 위에 커다랗게 걸린다.
아버지.
지난여름은 잔인하였다.

숯검댕이 같은 얼굴 아래
나무는,
나뭇잎 하나 없이

아아! 황금빛으로 빛나던 나뭇잎 하나 없이
맨몸으로 세상에 온전히 자유롭다.
맨몸으로 길 떠나던 우리 아버지
아아! 황금빛으로 빛나던 햇살 하나 없이
하얗게, 그냥 하얗게 길 떠나신 우리
아버지.

이제 나무는 겨울로 가고
다시 그 외로움으로 세상에 홀로 선다.
나는 아버지 긴 이름을 부르며
겨울 속으로 영원히 떠나버린
내 마음 속의 푸른 나무를 기억한다.

맨발을 닦고 닦아도
흙이 묻는다.
왜 그런가?

겨울이 된 나무가 내게 물었다.

푸른 옷소매

요즘은 밤이 참 짧다.
너를 기억하는 매일
새로운 아침을 기다리기 때문이다.
매일 너의 자전거가 절뚝거리며
내 눈 속으로 깊이 걸어
들어오는 걸 햇빛 속에 무심하게
걸어 들어오는 걸
나는 기다리기 때문이다.
사랑해서
심장도 아닌 발이 시리다며
너는 신발도 신지 않고
껴 신어야 할 양말 한 켤레 마다하고
그냥 맨발로 떠났다.
매일 밤 그 맨발에 나는 죽도록
머리를 부딪는다.
푸른 옷소매
사랑해서 내가 네가 되는 것은
왜 이리 힘든가

사랑해서 내가 내가 되는 것은 왜
이리 더 힘든가
푸른 옷소매
매일 아침, 내 안에 앉아 있는
양말 한 짝, 신발 한 짝
자전거의 바퀴 소리
시끄러운 어느 아침
의자는 비어 있고
햇빛은 푸르다.
그 푸른 옷소매

모래폭풍

사람이 조개가 되는 건 쉬운 일이다.
모래폭풍 속에서
살 속 깊이 내장 속 깊이, 깊이
모래 산을 쌓는 건 참
쉬운 일이다.
혜검(慧劍),
결코 해감 시킬 수 없는 그
무자비한 모래를 가슴속에 쌓는 건
쉬운 일이다.
늘 그렇다.
죄지은 조개가 되어 사막 한가운데
엎어진다 한들
하늘은 눈 하나 깜짝하지 않는다.
순식간에 죄는 전염되고
사람들은 모래로 서걱거리며
서로 낯선 조개가 된다.
모래는 뜨겁고 폭풍은 친절하다.
욕망을 신발처럼 벗어 던지지 못하는 한

모래폭풍은 비밀처럼 속삭인다.
죄는 전염되고
하늘은 눈 하나 깜짝하지 않고
바라볼 눈은 그 무자비한
모래 속에 있다.
폭풍이 불고 모래는 오래오래
조용하다.
수백만 개의 조개로 누워…….

오르페우스의 꽃 1

1.
내 노래는 길고
내 노래는 달콤하여
긴 세월, 그대가 나를 잊어도
숲이 아침이면 새롭게 빛나듯이
그렇게 그대 나를 찾아오리라.

2.
아폴론의 리라
내가 타던 리라
한때 곰들과 사슴, 늑대들까지
나의 노래를 듣고
바위와 물푸레나무 상수리나무까지
나의 노래를 들었지만
지금은 천년만년 세월이 흘러
내 노래가 간 곳을 나도 몰라

3.

독사가 그대의 영혼을 빼앗은 후
내 삶은 의미 없어.
마치 겨울 들판처럼 싸늘해져
지옥도 내 심장을 덥힐 수 없었지.
한순간에 늙은이가 되어버린 듯
그대를 찾아 떠나는 여행은
고단하기 이를 데 없었다.

나의 영혼은 무겁고 슬픔은 강을 이루어
그대를 볼 수 없고
그대 목소리 들을 수 없어
에우리디케, 그대를 그토록 갈망하였건만.

인내의 천사는 끝끝내 나를 돌보지 않아
돌아보지 말아야 할 그대를 돌아본 죄로
영원히 그대를 잃고 말았네.

4.

아! 사랑이여
삶이여, 죽음이여!
그대가 없는 세상에 바람만 불고
내 탄식은 하늘을 물들이고 바다를 가르네

에우리디케,
나 한낱 강물이면 어떠리
모래알이면 어떠리
그대 이름 부르고 불러서
벙어리 되면 어떠리
침묵이 내 살을 찢고
내 심장을 찢는다 해도
에우리디케,
오직 그대만의 노래이고 싶은 것을.
오직 그대만의 영혼이고 싶은 것을.

5.
기쁨도 즐거움도 나의 것이 아니니

사랑하는 그대여
나, 그대를 위한 꽃으로 태어나
그대의 머리 위에 금빛 새벽빛을 비추고
그대의 발아래 노을로 지려 하네.

시간이 나를 잘게 부수어
내가 안개꽃으로 피어나면
그대 나를 위해
강으로 와서
발을 물에 적시고
영원히 끝이 없을 내 노래를 들어주오.
죽어서도 살아 있을 내 눈을 바라봐주오.
에우리디케, 내 사랑
오르페우스의 꽃이여.

오르페우스의 꽃이여.

오르페우스의 꽃 2

나의 기도는 오직
그대를 위한 것이라
부끄러워라, 세상을 넘지 못했네.

죽음의 강을 건너
지옥의 불길 속에서
내가 본 것은 그대가 아니라
무지갯빛 독사.
그대인지 뱀인지 분간할 수 없었다.

부끄러워라.
그대의 황금빛 눈에 눈이 멀었던 게지.
그대의 황금빛 머리카락에 눈이 멀었던 게지.

바다가 거꾸로 뒤집혀 사막이 되고
햇빛 쏟아져 햇빛 쏟아져
수많은 노래들이
마침내 나의 몸이 되고

나의 영혼이 되었을 때
비로소 자유로울 수 있으리
비로소 숨 쉴 수 있으리
비로소 그대의 꿈을 꿀 수 있으리.

그때면
내 노래는 끝이 없고
내 노래는 달콤하여
긴 세월, 그대가 나를 잊어도
숲이 아침이면 새롭게 빛나듯이
그렇게 그대, 나를 찾아오리라.

---

*오르페우스: 아폴론과 여신 칼리오페 사이에서 태어난 아들로서 신화 속에 등장하는 인물 중 가장 유명한 시인이며 음악가이다. 오르페우스는 리라의 뛰어나 연주자였으며 사랑하는 에우리디케와 결혼하지만 그녀는 독사에게 발을 물려 죽고 만다. 비탄에 빠진 오르페우스는 에우리디케를 구하기 위해 지옥으로 내려가게 된다. 그곳에서 음악으로 지옥의 신을 감동시켜 에우리디케를 지상으로 데려오다가 돌아보지 말라는 명을 어기고 돌아보는 바람에 영원히 그녀를 잃고 만다. 그 후 슬픔에 잠겨 리라만 연주하던 오르페우스를 무녀 메나드가 갈기갈기 찢어 죽여 그의 머리를 해브로스강에 던져버린다. 오르페우스의 머리는 사랑하는 에우리디케의 이름을 부르며 강물을 떠다녔다고 한다.

오르페우스의 꽃 3

탐낸다고
닭이 울지 않으며
슬프다고
새벽이 오지 않겠는가?

한순간에 늙어버려
시간을 되돌릴 수 없다 해도
내 노래는 끝이 없고
내 사랑 또한 끝이 없어

두 손을 모으고 기도하나니
내 꽃이여, 내 삶이여
아까운 저 은빛 날개들을 그대 달지 않겠는가?
전율 속에 우물물로 퍼 올리지 않겠는가?

늪처럼 끈적거리는 삶은.
어둠이 눈 뜨고 있는 삶은.

지옥에서 걸어 나온 자의 노래
죽음의 강을 건너온 자의 노래를 들어보라

한낮에 달이 뜨고
바다가 거꾸로 뒤집혀
사막이 되는,
우울한 그대의 옷자락 위로
햇빛 쏟아져 햇빛 쏟아져

그대의 무지개 발로 내 신화를 뭉개고
맨발로 바다를 걷는 내 뒤로
나무들이 하나씩 일어나는

지옥
독사에 물린 발 그대의 무지개 발.

그대는 나의 숲

나무가 울창하여

하늘이 말을 하고 땅이 말을 하는 곳이 숲이라면

그대는 나의 숲이며

새들이 비로소 자유로워지는 곳이 숲이라면

그대 역시 나의 숲이라

햇살 가득, 그 정신이 빛나는 곳이 숲이라면

그대 또한 나의 숲이며

늘 빈 마음으로 떠나는 곳이 숲이라면

마찬가지 나의 숲은 그대

가을날 온 천지

참다 참다 못 이겨 활활 타오르는 곳이 숲이라면

붉디붉은 그대도 역시 나의 숲

불새의 꽁지 하나 떨어뜨리고

바람 속에 서둘러 떠나는 그대는 나의 숲

세월은 흐르고 강물도 흐르는데

그대, 나의 숲, 빛나는 기도.

태고 때부터 영원한.

식탁에서

식탁에 앉을 때마다
나는 매일 깊은 강 하나를 건넌다.
뿔 달린 짐승의 노고와
배추, 오이, 가지의 몸을 만나고
튼실한 햇볕의 그 수고로움도 만난다.
그릇에 담겨져 제물이 된,
요리된 그 영혼들을 만난다.
삶기고 굽히고 익혀져
식탁 위에 올려진
조기, 새우, 멸치, 고등어
그 몸들을 뜯으며 나는 또한 바다가 된다.

식탁에 매일 촛불은 켜지고
깊은 부끄러움으로
우리 모두의 얼굴은 새롭다.
어둠의 속살이
날갯짓하며 사막의 한가운데를 가로지를 때
뿌리내리고 다시 뿌리내림의

그 기도를 나는 한다.

단지 입만 열어
강물로 출렁거리기는 싫다.
스스로 발효되어
찐한 강물, 찐한 바다로 흐르고 싶을 뿐

식탁에 앉을 때마다 나는 매일
죽어서 살고
죽어서 살고

어느새 불타오르는 식탁
물구나무서는 식탁
춤을 추는 식탁

조용히
햇빛 한 자락
바람 한 점 스쳐 지나간다.

마르수아스*

나는 오늘, 마르수아스가 된다.
소나무에 매달려 산 채로 가죽 벗겨졌던
그때의 마르수아스처럼
나도 가죽 벗겨진 채
소나무에 매달려 있다.

그때 마르수아스가 본 것은 무엇이었을까?
죽어가는 눈으로 본 것은 무엇이었을까?

나는 꿈들의 죽음을 본다.
음악의 살갗이 문득
공허해지는 것을 본다.
움직일 수 없는 심연의
침묵을 본다.

그 안에 마르수아스의
눈빛이, 드러나지 않으나
밝게 드러나고야 마는 그의 눈빛이

보인다.

나는 오늘,
마르수아스가 된다.
강이 되어 늘 섬광으로 다가오는
그 마르수아스처럼

나도 강이 되어 어둠과 그 어둠 속의
바람이 된다.

그러나, 빛이 있으라 하였으므로
빛이 되라 하였으므로

나는 그 빛의 뒤편이 된다.
마르수아스의 그림자가 된다.

예전에도 지금에도 미래에도
그리고 영원히…….

마르수아스가 음악이었듯이
나도 음악이 된다.

침묵하는, 움직이지 않는,
그러나 혼돈.

나는 끝내 마르수아스의 열망이 된다.
마르수아스의 사막이
된다.

---

*마르수아스: 관이 두 개인 플루트란 전설적인 악기의 창조자. 아폴론에 의해 죽는다.

겨울 1

유키 구라모토의 피아노
총알처럼
바람 속에 날아와
내 심장에 박히다.
사람들이 하는 일
늘 그렇지만
늘 춥고 서늘해.

겨울 종소리
새 되어 떨어지고
혀 되어 떨어지는

총알

용서하소서!

아버지의 뜰

아버지의 뜰에는
늘 해바라기뿐이었다.
키 커다란 눈 큰 해바라기
뜨지 않는 해를 기다리기만 하다가
저녁이면 그 큰 얼굴 떨어뜨리고
시름에 차는.

어느 여름날,
기다려도 기다려도 해는 뜨지 않고
비가 하늘과 땅에 가득하던 날
해바라기는 일어나지 못했네.
바다가 뜰에 넘치고 넘치도록
아버지의 해바라기
바다에 휩쓸려 바다가 될 때까지

먼 훗날 사람들은 말하겠지.
아버지의 뜰에는 언제나
해바라기 가득했다고

그런데 어느 여름날
그 해바라기 바다가 되어
바다로 가버렸다고
해 찾으러 가버렸다고.

그러나 사람들은 모를 거야.
해바라기 속에 빛나던 해
바다 속에 숨어 있는 해
그 해
아버지의 벗기 싫은 구두였다는 것을…….

부뚜막에 앉다

불꽃이 있다. 그 안에
물고기 파닥거린다.
곧 은빛도 사라진다.
부뚜막에 앉다.
오랜 시간
먹는다는 것
산다는 것—그 희한한 축복에 대해
생각한다.
엉덩이 지지고 앉아
만 년 전의 바람을 생각하고
만 년 전의 그
불씨를 생각한다.
온 들녘이 일어나고
온 바다가 일어나는
부뚜막
뜨거운 부뚜막
온 죄가 일어서고
온 별이 일어서는

부뚜막

늙어서, 늙어서
허리도 못 펴는 부뚜막
그 부뚜막에 앉다.
불꽃이 있다.
그 안에
물고기 파닥거린다.
곧 은빛도 사라진다.

의자와 전쟁

전쟁은 따뜻하다.
의자도 따뜻하다.
꿈꾸는 자, 숨 쉬는 자
잠자는 자, 게으른 자
모두 그 안에서 운다
전쟁은 조용하다.
의자도 조용하다.
두려움은 모두를 조용하게 만든다.
조---요---ㅇ

의자에 깊숙이 몸을 기댄다.
푸른 창 앞으로 빛들이 날개를 치며
날아든다.
전쟁은 텔레비전 속에서 왕왕거리고
나는 의자 안에서 편안하다.
전쟁은 너무 멀고
의자는 너무 가깝다.

문득 툭 치는 의자의 주먹
의자의 기억
“일어나란 말이야!
전쟁하러 가야 돼.”

전쟁은 일상이 되고 의자는 특수상황이 된다.

“일어나란 말이야!”

“일어나란 말이야—”

아버지의 가을

아버지는 귀뚜라미 한 마리 기르신다.
몇 년의 가을을 한 방에서
그 귀뚜라미 기르신다.
기쁨과 슬픔, 희망과 절망을
귀뚜라미의 더듬이에 걸어놓고
그 삶을 기르신다.
수십 년의 세월을
귀뚜라미가 울고
비어 있는 시간의 공간을
귀뚜라미가 내닫는다.
아버지는 귀뚜라미 한 마리 기르셨다.
어두운 막막함을 귀뚜라미의
각질 속에 감추고
낮은 휘파람을 귀뚜라미에게
들려주셨다.
그 삶이 귀뚜라미 되어
아버지 되어
강이 되어 흐른다.

시는 칼이다

시는 칼이다.
바람을 베고 사람을 베더니
세상을 베어버린다.

깃털처럼 가벼워지는 칼
세상이 가벼워진다.

지옥에서

머리칼을 탑 위에 걸쳐둔다.
결코 오지 못하는 그대의 발자국
바람 불어 흩날리는 머리칼
칼 되어 허공을 가르는데
거울, 탑 속에 갇혀
그대의 볼 수 없는 얼굴이 된다.
나는 없고 겨울인 듯 봄인 듯 아득한 세상
얼음을 깨어야 꽃을 뭉개야
그 속에서 태어날 티라노사우루스

머리칼을 끊어 끊어
계단을 만들고 절벽을 만드는
그 끝에는 무심한 눈 하나

나무들이 폭풍 속에 잠들어 버린 밤
그대의 볼 수 없는 얼굴
살금살금 발자국으로 다가오는데
티라노사우루스

시간은 거미처럼 늘 갑자기 섬뜩하다.

끊어진 머리칼
끊어진 길
거울, 하나도 없는 그대와 나의 세상
얼굴 없는 그대와 얼굴 없는 내가
디디고 선

이 무심함
썰물로 빠지는 바다.

전철은 배고픔이다

전철은 배고픔이다
언제나 기다려야 그 큰 창자
속으로 들어갈 수 있다.
나는 늘 배고파서
전철을 타고 전철은
늘 배고픔이므로 나는 또
배가 고프다.
검은 옷을 입은 어느 여자의 눈과
코끼리 한 마리
등을 기대고 앉아 있는 곳
헐벗은 손들과 남루한 발들이 모여 있는 곳
전철은 내게
너무나 견디기 힘든
배고픔이다.
지긋지긋해서 돌아보기도 싫은 허기
유리창 밖으로는 언제나 어둠이다.
그러나 이 어둠 속으로 사다리
하나 있어

마음만 먹으면 언제나 오를 수 있다.
저 밖으로 저 밖으로.
하지만 배고픔에 못 이겨
사다리는 늘 부수어진다.
흉측한 창자 안에 가득한 사다리의 잔해들
퀭한 눈으로 응시하는
전철의 배고픔
나의 배고픔
사다리가 사자가 되어
전철 안을 뛰어 다닌다.
빛 한 줌 없이

빛 한 줌 없이…….

우물

우물, 네 가슴에 내려가
너의 몸, 너의 생각, 너의 숨 사이사이
스며들어 스며들어 온통
네가 되었으면 좋겠다는 생각…….
아니다.
너를 통째로 들어
내 가슴에 몰래 숨겨야겠다는 생각.
그래야겠다.
너를 통째로 들어
주위에 무성했던 풀들과 바람까지 몰래
내 가슴에 들여놓아야겠다.
너, 우물이 자라 강물이 되고
바다가 되는 걸 몰래몰래
지켜봐야겠다.

아! 그리움이 침묵이 되는 걸
침묵이 세월이 되는 걸
사랑이 되는 걸

견뎌봐야겠다.
그래봐야겠다.

아버지의 강물

깊은 강물 속
그 속으로 가라앉는 어깨 있어
산보다 무겁고 하늘보다 무거워
아버지
커다란 신 벗어놓고 가신
그 커다란 발
동굴 되어 평안히.

모래로도 모자라
모래의 모래로 시간을 나누어
그 시간 시간 그리워
아버지.

휘영청 달 하나 남겨두고
그 달에 출렁이는 강물
떠내려가는 아버지의 신발
큰 신발
바람도 서늘하네

어깨 무거운
강물

아버지의 강물.

대왕암에서

돌고 돌아서 먼 바다 앞에 섰네.
해는 떨어지고
낯선 바다는
바람 한 점 없이 조용하다.
삶이란 게 건너고 또 건너는 거라
하늘을 건너
마을을 건너고 산을 건너,
神 같은 바다를 건너
몇천 년 전 떠나온 너를 다시 만난다.
그저 바람으로 바다에 누워
빛 없어진 세상을 바라보며
너의 어둠을 응시한다.
네 소맷자락에서는
새들의 날갯짓이 출렁거리고
오히려 세상은 태연하다.
힘겹게 건너고 건넌 바다
내 날개는 보이지 않는데
다시 건너야 할 너무 높은 바다

'나' 앞에 마주서서
돌아가야 할 너에게 파도로 편지를 쓴다.
하늘은 해 없이도
뜨겁고 그 바다는 너무 깊어
내 이마엔 푸릇푸릇 푸른 날개가 돋아나고
아! 시간이 흐른 후
그 날개로 편지를 쓰나니
돌아가야 할 너에게 편지를 쓰나니…….

바다 1

그 바다에는 금빛 뱀이 산다.
머리가 부풀어 오른
누런 금빛 뱀이 산다.
햇살은 비단이불처럼 펄럭거리고
그 누런 금빛 뱀은
바다를 통째로 삼키고도
여유만만, 내색 한번 하지 않는다.
하늘은 눈이 뻘개서
금빛 뱀을 찾는데

얼굴 어디 갔나
몸통 어디 갔나
꼬리 어디 갔나

금빛 뱀은 눈 지그시 감고
세상을 향해 드러눕는다.

햇살은 비단이불처럼 펄럭거리고

날개처럼 펄럭거리고.

그 세상에는 금빛 뱀이 산다.

바다 2

흰 고양이처럼 웅크린 나는
그대의 잠이다.
현기증으로 울렁거려도
나는 그대의 특별한 잠이다.
내가 꾸는 꿈은 그대의
사소한 일상에 푸른,
아주 짙푸른 선, 하나
긋는 것이다.

물구나무서기로 다가오는 하늘
편안하고 편안한 목 껴안으며
흰 털 북슬북슬한 그대의
입술에 입을 맞춘다.

그대의 특별한 잠인 나는
스스로 그대가 되고
그대를 통해
수없이 많은 무지갯빛 물방울이

된다.

물방울 고양이
물방울 현기증

그대는 내 바다다.

바다 3

언제나 초록 모자를 쓰고
너는 내게 달려 왔다.
천길 만길 흩어진 내 머리카락
태양 아래로 모으고
잡아도 잡아도
끝이 없는 내 손을
네가 잡아주었다.

몇천 년의 시간을 잠들었다 해도
너는 기다리고 기다려
흙으로, 바람으로
내게 돌아왔다.
언제나 초록 모자를 쓰고
내게 달려왔다.

영원한 것은 가슴에 있고
푸른 새는
오늘을 노래한다.

눈부심의 기적
늘 새로운 너의 초록 모자

하늘에는 금빛 뱀이 펄럭거린다.
천년도 더 된
만년도 더 된.

눈부심의 기적
물구나무서기의 기적.

겨울 2

닫혀져 있는
빗장을
푼다.

언어의
푸른 빗장

그곳에 쏟아져 내리는 눈
언어의 은빛 날개

동굴 앞에서 만나는
神

겨울이다.

나무를 추억하다

봄도 아니고 겨울
벌거벗은 몸 그대로
한 나무를 추억한다.
살아서 삶을 노래할 수 있다면
나무에 박힌 수없이 많은 그
못들을 먼저 빼줄 것이다.
인연으로 덜커덩거리며
아무것도 모르고 그땐
못을 박았다.
네 가슴에 네 머리에
그리고 네 심장에.
오늘, 응고된 눈물로
그 못들을 빼내며 나는
내 가슴에 못을 박는다.
선혈 솟구쳐 울부짖는
내 가슴을 헤집고 나는 깊디깊은
대못 하나
내 심장에 박는다.

바람 소리 찬 겨울
나는 한 나무를 추억하고
그 추억으로 그 나무를 사랑한다.
자작나무
끝은 언제나 아름답다.
너를 추억하는,
너의 날개를 추억하고
너의 입술을 추억하는
아! 내 추억의 끝은 기다림
겹과 겹을 뛰어넘는
아득한 기다림
자작나무
살아서 삶을 노래할 수 있다면
폭우가 온다 한들 그 강
건너지 못할까?
자작나무
기다림 끝에 너를 보는 날
너의 눈을 보는 날

내 추억도 끝나고
그 대못도 빠질 텐데
벌거벗음이 부끄러운
오늘,
너를 추억하는 시간 속으로 나뭇잎
하나 떨어진다.

그 기도.
한 나무를 추억한다.

봄

슬리퍼 신고 뛰어가다
문득 고개 돌렸다.
수선화
뜰 한쪽 부둥켜 앉은 채
피어 있는

사랑하지도 않고 주억거리는
궁시렁거리는
봄
슬리퍼 벗어던지고
화들짝 맞이하는
봄

해설

굴뚝새에서 오르페우스까지

—시와 이야기의 미적 거리

전해수(문학평론가)

바야흐로, 30년 전으로 거슬러 가보자. 1986년 『현대시학』 2회 추천 완료 당시(등단 '2회 추천'이라 함은 마치 호랑이가 담배를 피우던 시절 같이만 여겨진다! 그 아스라한 시절!) 김율희 시인은 김춘수 시인으로부터 "간결하고 선명한 그러나 밀도 있는 조사"라는 평을 받으며 문단에 등장했는데, "까다롭고 복잡한 (이) 시대"에 "아주 청순한 서정을 지닌"(1984년 1차 추천 평) 시인으로 시단의 한 자리를 '이미' 매김 했었다. 우리는 이때의 심사평인 "간결하고 선명하다"는 말이나 "밀도 있다" "청순하다"는 평가에서 시인의 첫 시집 『굴뚝 속으로 들어간 하마』의 시적 특징과의 유사성을 찾아볼 수도 있고, 등단 이후 돌연 동화작가로 더욱 활발한 활동을 해온 그의 행보를 떠올려보면서 이 또한 첫 시집의 작법(作法)과 무관하지는 않으리라 짐작해볼 수도 있겠다.

그럴 것이다. 김율희 시인은 무려 등단 30년 만에 첫 시집을 출간한 것인데, 강산이 변해도 세 번은 변했을 이 오랜 시간을 건너오면서 시인이 마침내 꾸린 이번 시의 집(시집)은 가히 기이(奇異)하여 우리에게는 낯설게 느껴지는 바가 있는 것이다. 이를테면 이 시집은 얼핏 보기엔 동시집으로 여겨질 만큼 시의 소재들이 (굴뚝새, 하마, 코끼리, 여우 등) 동심을 회상할 수 있는 것들이며, 동화의 압축처럼 스토리가 내재된 시가 다수이고, 바다의 원형성을 환기시키는 설화적 시편들과, 존재론적 사유의 내밀한 정서와 만나는 실존적 시들 또한 난만(爛漫)하게 자리매김하고 있어서 30년이라는 시간의 간극만큼이나 그 시적 특징을 하나의 말끝으로 재단하기에는 어려운 점이 있다. 요컨대 김율희의 시집 『굴뚝 속으로 들어간 하마』의 시세계는 동시(童詩)로 규정하기에는 의심스러운 바가 적지 않고, 그 복합적 양상이 무릇 시와 이야기의 미적 거리에 의해 거미줄처럼 단단하고 정연하게 얽혀 있어서, 주의 깊은 평가가 요구된다.

시와 이야기에 대하여

이미 짐작하듯 김율희 시인의 이번 시집은 상당수의 이야기 시를 포함하고 있다. 예컨대, 해리포터, 굴뚝새, 여우, 양, 코끼리, 거인, 하마, 오르페우스, 마르수아스 등 동화에서 신화에 이르는 '이야기의 세계'가 그러한데, 자못 '이야기 시'로 통칭할 수 있는 시편들이 다수인 것이 사실이다. 김율희의 시와 이야기와의 친밀성은 매우 쉽게 발견된다.

굴뚝새가 한 말을 기억하니?
어릴 때 굴뚝새가 너에게
하던 말 기억 안 나니?
매일매일 너에게
속삭이던 말
다정하게 너하고 나누었던
그 말들이
기억나지 않니?
이 세상을 살았던
한 굴뚝새가
푸른 하늘 위에서
네게 했던 말
기억하고 있니?
굴뚝새 말로
기억하고 있니?

—「굴뚝새가 한 말을 기억하니?」 전문

'기억'은 이 시집의 중요한 키워드이며, "기억"은 "굴뚝새가 한 말"을 되새기는 것으로 출발한다. 이는 '동심의 회귀'를 지향하는 시인의 태도를 보여주는 것이라 할 수 있다. 누구든 어른이 되고 나면 유년 시절의 순수함을 잊고 거짓과 비방, 모함과 언쟁을 일삼기 마련이다. "한 굴뚝새가/푸른 하늘 위에서/네게 했던 말"은 아마도 동심 회귀를 열망하는 지난 '꿈'에 대한 기억을 불러오고자 하는 것이다. 이제는 "어릴 때 굴뚝새가 한 말"을 기억하지도 듣지도 못하는 나이가 된 우리들에게 김율희의 시는 유년의 기억에 대한 '회귀'로 첫 문을 두드린다.

그런데 "굴뚝새가 한 말"이 바로 김율희 시인이 상정하는 언어 즉 '시어(詩語)의 요체'로 생각된다. 시인은 거창한 이념이나 사상, 복잡한 시어나 미사여구보다는 '동심 회귀', 이를테면 "굴뚝새가 한 말"로 기억되는 '이야기'를 찾아가는 일련의 '과정'을 보여줌으로써 시의 의미와 가치를 되찾으려 한다. 시의 언어는 근사하게 표현되는 것이 아니라 회귀적 언어 즉 모태 언어(쉬운 언어)처럼 편하고 유연하게 사용되어 시는 어린아이부터 어른까지 구별 없이 읽고 감동하는 장르여야 한다는 것이 시인의 생각인 듯 여겨진다.

시집의 첫 시로 동화적 상상력을 불러오는 「굴뚝새가 한 말을 기억하니?」 외에도, 「해리포터의 겨울」, 「초록 달걀」, 「여우 털」, 「브로콜리」, 「콜라」 등 본격적인 이야기 구조를

펼쳐 보이며 동심의 세계를 되짚는 시편이 연속되고 있는데, 이들은 선명하고 활달한 이야기의 상상력으로 충만해 있다. 이처럼 이야기 상상력은 김율희 시인의 주된 시적 기법이라 할 수 있을 것이다.

우선 교활함을 속으로
깊이 감춘다.
뻐드렁니와 번들거리는
눈알도 감춘다.
늙은 눈으로 세상의 온갖 것을 탐해보다가
어느 노을 지는 저녁
풀밭에서 갑자기 순해져
검은 털이 난 손도
감추어 본다.

양 한 마리 키우기
그리 쉽지 않다.

표범의 엉덩이에 탄 몸으로
세상을 본들
나무마저 소름끼친다.

비명을 지르지 않을까?

양 한 마리 키우기
그리 쉽지 않다.

늙은 눈이 쉬 피로해진다.

양을 묶었던 쇠사슬
보이지 않는다.

그 쇠사슬 어느새
내 목에 걸려 있는 것을.

—「양 한 마리 키우기」 전문

동화 속의 한 장면 그러니까 호랑이(표범)나 늑대 등의 맹수가 출연하는 이야기 중 하나인 『해와 달』이나 『빨간 모자』와 같은 동화에서는 "양"의 탈을 쓴 '늑대' 혹은 "양"을 위장한 '호랑이'가 곧잘 등장한다. 늑대나 호랑이는 "검은 털이 난 손"을 감추려 했지만 그의 "교활함"과 번들거리는 "눈알"은 쉽게 감출 수 있는 것이 아니어서 마침내는 발각된다.

위 시는 맹수처럼 살고 있는 우리 마음속에 순한 "양 한 마리 키우는" 것의 어려움을 표현하고 있다. "양 한 마리 키우기"의 상징적 의미는 동화적 상상력과 교접하여 매우 적합하게 시적 의미로 새로 생성되고 있다. 뿐만 아니라 위 시는 동화 속 꽤 깊은 철학적 사유처럼, 마치 한 편의 어른을 위한 동화처럼, 어린이부터 어른까지 다양한 계층의 독자를 감싸 안는 시로써 매김을 하고 있는 것이다.

거인이었다.
내가 솔숲에서 만난 그 바람은.
안개 가득한 빗속에서
아무 말 없이 갑자기 나타난 그
그리움은.

그가 내게 건넨 것은
시간
그의 푸른 손에는 상처가 가득했다.

나는 그 시간을 받아들고
솔숲으로 걸어 들어갔다.

침묵이 거인의 맑은 눈 안에서
내게 말을 걸고
나는 또 침묵으로 거인에게
대답했다.

수많은 별들이

비밀의 바늘들처럼
거인의 등 뒤로 내려앉았다.
솔숲이 몇 번 우르르 울었다.

나는 거인의 등 뒤에 서서
하늘이 사라지는 걸 보았다.

백년, 천년의 세월로
이 세상의 비밀을 다 알 수는
없는 일이다.

거인이 잠깐 웃었다.
나무 같다고 돌 같다고 새 같다고
나는 생각했다.

비가 쏟아졌다.
솔숲이 그 얼굴을 들어 비를 맞았다.
수많은 별들이 눈을 감은 채
솔숲으로 떨어졌다.

솔숲이 다시 우르르 우르르
큰 눈으로 울었다.

거인이었다.

내가 그때 솔숲에서 보았던 그 침묵은.

맨발바닥에 맨손으로

그렇게 간절히 염원했던

그 눈빛은.

—「거인을 만나다」 전문

유년 혹은 지난 시간 속에 사라진 많은 것들은 한낱 꿈인가. 그 아련한 꿈들은 어른이 된 현재 거의 사라져 내가 간절히 염원했던 것들에 대한 이해를 소멸시킨다. 당시에는 닿을 수 없는 것들이 모두 "거인"이었음을 깨닫는 것이다. 거인은 "간절히 염원했던/그 눈빛" 속에서 유년의 꿈속에 남아 있다. "그리움"은 그가 내게 건넨 "시간"처럼 "비밀"을 지닌 "침묵" 속에 머문다. "나무 같다고 돌 같다고 새 같다고" 여기는 시와 이야기의 세계가 김율희의 시에는 "염원"으로 함께 존재한다.

동화와 신화, 그리고 랩소디

김율희 시의 또 다른 특징은 이야기 구조 즉, 동화와 신화에서 움튼 시적 상상력이 피아노, 바이올린 등의 악기와 만나 랩소디로 연결되어 펼쳐진다는 점이다. 클래식(음악)의 리듬은 시의 리듬과 교합하면서 이야기 시의 탄생과 맞물리고 있다. 시인에게 랩소디는 시적 영감과 시적 지향의 의미로서 가치가 있다.

> 머릿속 하마 한 마리
> 춤추다 넘어졌어요.
> 피아노 연주는 계속되었지만
> 일어설 줄을 몰랐어요.
>
> 하마는 이빨 빼내고
> 궁둥이 살 좀 빼고
> 볼퉁이 살도 좀 떼어냈지만
> 춤추다 넘어졌어요.
> 일어서지 못했죠.
>
> 춥고 캄캄해서
> 하마는 일어설 수 없었어요.
> 하늘이 어딘지
> 땅이 어딘지
> 춥고 캄캄해서
>
> 머릿속 하마 한 마리
> 한 마리,

춤추다 넘어졌어요.
비 오던 날
우산에 걸려……

그 우산,
하마의 심장이 되었어요.
아주 붉은 왕심장 되었어요.

머릿속 하마 한 마리
가슴이 춤이 되었어요.
피아노가 되고
우르르
숨소리가 되었어요.

—「머릿속 하마 한 마리」 전문

시인의 머릿속에는 피아노 선율에 맞춰 하마가 춤을 추고 코끼리가 그네를 탄다. 음악에 맞춰, 하마는 춤추다 넘어지고, 그래서 엉덩이 살을 좀 빼야 하고, 자주 일어서지 못하고, 세상은 춥고 캄캄해서 하늘이 어딘지 땅이 어딘지 분간이 안 되고, 춤추다 넘어진 날에 비는 오고, 우산에 걸려 또 넘어지고, 우산은 하마의 심장으로 들어가고, 하마의 심장이 깃든 가슴이 다시 춤이 되고, 춤을 추다가 하마는 또 넘어지고…… 그러다가 마침내 "아주 붉은 왕심장"은 동화적 상상력 속에서 리듬을 타는 "하마"의 열정으로 화(化)한다.

하마 한 마리와 피아노 음악에 관한 이 이야기는 그 미적 거리에 따라 머릿속의 환상적 이야기도 되고, 어릴 적 동화적 이야기도 되며, 불가사의한 신화가 되기도 하고, 현실의 불합리한 사건이 되기도 한다. '꿈'은 시의 이야기 속에서 '현실'과의 미적 거리로 존재하여 친숙한 '하마'를 통해 오히려 독특한 이야기를 형성한다. '하마의 이야기'는 우리들의 곁으로 다가와 순한 불가능의 이야기를 유쾌하게 풀어놓는다.

불꽃이 인다. 그 안에
물고기 파닥거린다.
부뚜막에 앉다.
오랜 시간
먹는다는 것
산다는 것-그 희한한 축복에 대해
생각한다.
엉덩이 지지고 앉아
만 년 전의 바람을 생각하고
만 년 전의 그
불씨를 생각한다.
온 들녘이 일어나고
온 바다가 일어나는
부뚜막

뜨거운 부뚜막
온 죄가 일어서고
온 별이 일어서는
부뚜막
늙어서, 늙어서
허리도 못 펴는 부뚜막
그 부뚜막에 앉다.
그 안에
물고기 파닥거린다.
곧 은빛도 사라진다.

—「부뚜막에 앉다」 전문

김율희의 시는 위 시 「부뚜막에 앉다」처럼 가벼운 동화로 끝나지 않고 실존에 가닿는 여러 편의 시를 보여준다. "먹는다는 것/산다는 것–그 희한한 축복"은 무엇인가. 시인은 부뚜막에 앉아 불꽃이 이는 속에서 파닥이는 "물고기"를 본다. 엉덩이를 지지고 앉아 불을 지피며 "만 년 전의 바람"을 생각하고 그 바람의 "불씨"를 본다. 부뚜막에 앉아 있는 그 순간에 "온 들녘이 일어나고 온 바다가 일어나는" "온 죄가 일어나고 온 별이 일어나는" 세계사를 읽는다. 허리도 못 펴는 그 옛날의 '부뚜막'을 소환하여 잠시 일어났다가 사라지는 "은빛"을 목도한다.

시간의 빛(불씨)은 그렇게 부뚜막에 앉아 있을 때 멀어지거나 다가온다. '부뚜막'이라는 이미 멀어진 시간을 불러오고 사라지게 한다. "부뚜막"에서 먹고 살아온 (인간의) 한 생이 그렇게 축복의 시간이 되어 되돌아온다.

슬리퍼 신고 뛰어가다
문득 고개 돌렸다.
수선화
뜰 한쪽 부둥켜 앉은 채
피어 있는

사랑하지도 않고 주억거리는
궁시렁거리는
봄
슬리퍼 벗어던지고
화들짝 맞이하는
봄

—「봄」 전문

시적 깨달음은 시인이 맞이하는 계절에도 존재한다. "슬리퍼" 한 짝에 "수선화"와 수선화를 맞이하는 "봄"이 있다. 시인은 "봄"에 대하여 이렇게 말한다. "사랑하지도 않고 주억거리는/궁시렁거리는/봄"이라고. 계절을 맞이한다는 것은 이렇

듯 태연자약한 가운데 "문득 고개 돌"리는 그 순간에 있다는 것을, 시인은 넌지시 전한다. 아름답고 눈물겨운 시간의 발견이 "봄"을 통해 다가온다. 김율희의 시는 시간의 발견처럼 무심히 도달하는 지혜를 보여주고 있다.

다시 쓰는 시, 그리고 이야기의 힘

다시 30년 전으로 되돌아 가보자. 등단 시는 시인들에게는 첫사랑의 결실 같아서 의미 있는 순간으로 '기억'된다. 그런데 등단 이후, 동화에 더 몰입한 시인에게 (그는 이미 여러 권의 동화집을 상재했다) 30년 만의 시집 발간은 등단 시절의 '회귀' 같은 것이 아닐지.

> 정원에 내어놓은 의자 위에 나뭇잎이 떨어져 있다.
> 라벨의 찌가느가 그 나뭇잎 위로 쏟아진다
> 흔들리는 가을
> 찌가느는 하늘빛이다.
>
> —「가을」 전문

> 유키 구라모도의 피아노
> 총알처럼
> 바람 속에 날아와

내 심장에 박히다.
사람들이 하는 일
늘 그렇지만
늘 춥고 서늘해

겨울 종소리
새 되어 떨어지고
혀 되어 떨어지는

—「겨울 1」 부분

등단작 「가을」은 계절의 느낌을 음악에 비유한 시이다. "찌가느(tzigane)"는 모리스 라벨의 랩소디인데 당대에 유명했던 여류 바이올리니스트였던 '옐리 다라니'를 위해 '라벨'이 만들었다고 전해지는 곡이다. 도입부의 느리고 긴 무반주 '카덴차'로도 유명한데 카덴차로 시작하여 차츰 격정에 이르는 바이올린과 피아노의 협주곡이 진한 감동을 주는 곡이 바로 "찌가느"이다. "찌가느"가 '집시'라는 뜻의 프랑스어라는 것을 염두에 두면 이 곡은 집시 음악을 바탕으로 한 곡임을 짐작할 수 있다. 김율희 시인은 나뭇잎이 떨어지는 가을의 풍경 속에서 라벨의 흔들리는 집시 음악(거리 음악)의 랩소디를 듣고 있는 듯이 여긴다. 라벨의 음악이나 유키 구라모토 등의 피아노 연주(「겨울 1」, 「머릿속 하마 한 마리」, 「햄버거 속에 피아노를 처넣다」 등)의 음악은 시인에게 시적 영감을 불러와 시상이 되어 곧잘 시로 다시 움튼다.

마르수아스가 음악이었듯이
나도 음악이 된다.

침묵하는, 움직이지 않는,
그러나 혼돈.

나는 끝내 마르수아스의 열망이 된다.
마르수아스의 사막이 된다.

—「마르수아스」 부분

아폴론의 리라
내가 타던 리라
한때 곰들과 사슴, 늑대까지
나의 노래를 듣고
바위와 물푸레나무 상수리나무까지
나의 노래를 들었건만
지금은 천년만년 세월이 흘러
내 노래가 간 곳을 나도 몰라

—「오르페우스의 꽃 1」 부분

김율희의 시는 동화적 세계관과 음악적 영감 그리고 설화의 근원적 세계를 통해 시적 상상력의 파급을 일으키고 다시 불러 모은다. 「오르페우스의 꽃」 연작 시편들은 이 가운데에 동화에서 연장된 설화를 차용하여 시적 상상력이 발현된 경우라 할 수 있다. "오르페우스"는 신화 속 '리라'의 뛰어난 연주자이며 시인이고, 사랑하는 에우리디케를 구하기 위해 지옥으로 내려가 지옥의 신에게 "리라"를 연주하여 감동케 한 후 그녀를 구한다. 그러나 에우리디케는 뒤를 돌아보지 말라는 예언을 지키지 못하고 결국 오르페우스는 강물에 던져진다. 사랑의 약속과 파멸이 애절한 "노래"에 담겨 전달되는 이야기가 바로 「오르페우스의 꽃」 연작이다.

"마르수아스" 역시 관이 두 개인 플루트를 창조한 음악 신인데 시인은 아폴론에 의해 죽음에 이르는 마르수아르를 대신하여 침묵과 혼돈, 열망의 코드를 음악으로 읽어내려 한다. 이처럼 '음악'은 시인에게 제2의 시적 모멘트가 되어 준다.

옛날에는
꽃도 神이었습니다.
물도 神이었습니다.
아! 온 세상이 다 神이었습니다.

하늘색 푸른 오늘

나는 흐드러지게 피어나는
그 神의 신발을
물속에서 건져 올립니다.

빛 가득한 오후
그 神의 신발, 세상이 되고
사람이 됩니다.

아! 세상이 온통 꽃물 천지입니다.

—「꽃물」 전문

시는 칼이다.
바람을 베고 사람을 베더니
세상을 베어버린다.

깃털처럼 가벼워지는 칼
세상이 가벼워진다.

—「시는 칼이다」 전문

김율희 시인에게는 원초적 이야기로서의 신화와 동심 회귀로서의 동화적 이야기가 곧 시이다. 그에게 시는 "신(神)"도 되는 "꽃물"이나 또한 "칼"이기도 한 "세상" 모두이다. 마치 한갓 '모자(帽子)'인 것에서 '코끼리를 삼킨 보아구렁이'를 볼 수 있듯이, '상자' 안에 든 '어린 양'을 보는 눈을 가졌듯이 생텍쥐베리의 『어린 왕자』에 깃든 이야기처럼 시는 마음에 새기는 이야기적 상상력을 여전히 가지고 있는 것이라 시인은 여기고 있는 것이 아닌지.

30년 만에, "가벼워진" 그의 "칼(시)"이 결코 가볍지 않은 무게로 이제 천천히 "사람"과 "세상" 사이로 나오고 있다. 유사(類似)하지 않은 김율희 시의 앞날은 파고(波高)처럼 알 길 없지만, 분명 "세상을 베어"버릴 부드러운 '칼날'이 될 것이라 기대해본다. 첫 시집의 항해에 두려워하지 않기를, 힘찬 박수를 보내고 싶다.

이 도서의 국립중앙도서관 출판시도서목록(CIP)은 서지정보유통지원시스템 홈페이지(http://seoji.nl.go.kr)와 국가자료공동목록시스템(http://www.nl.go.kr/kolisnet)에서 이용하실 수 있습니다.(CIP제어번호: CIP2016025849)

시인동네 시인선 066
굴뚝 속으로 들어간 하마
ⓒ김율희

초판 1쇄 인쇄 2016년 10월 24일
초판 1쇄 발행 2016년 10월 31일
지은이 김율희
펴낸이 고영
책임편집 류미야
디자인 혜이존
펴낸곳 문학의전당
출판등록 제311-2012-000043호
주소 서울시 은평구 연서로11길 7-5 401호
전화 02-852-1977 팩스 02-852-1978
전자우편 sbpoem@naver.com

ISBN 979-11-5896-285-2 03810